LA MANIERE

DE

BIEN TRADUIRE

D'VNE LANGVE EN AVTRE.

D'ADVANTAGE

De la Punctuation de la Langue Francoyse,

PLVS

Des Accents d'ycelle.

AVTHEVR

ESTIENNE DOLET,

Natif d'Orleans.

YON,

ESTIENNE DOLET.

1540

CENT VINGT EXEMPLAIRES.

PARIS.

Imprimerie de I. Tastu.

SE VEND CHEZ TECHENER, LIBRAIRE,
Place du Louure, n. 12.

Au Lecteur.

Ly et puis iuge : ne iuge toutesfoys de-
uant que d'auoir veu mon Orateur Francoys
qui (possible est) te satisfera, quant aux
doubtes, ou tu pourras encourir lisant ce
liure.

ESTIENNE DOLET,

A MON SEIGNEVR DE LANGEI,

Humble salut et recongnoissance de sa liberalité enuers luy.

—

E n'ignore pas (seigneur par gloire immortel) que plusieurs ne s'esbaissent grandement de veoir sortir de moy ce present Oeuure : attendu que par le passé i'ay faict et fais encores maintenant profession totale de la langue Latine. Mais à cecy ie donne deux raisons : l'vne, que mon affection est telle enuers l'honneur de mon païs que ie veux trouuer tout moyen de l'illustrer. Et ne le puis myeulx faire que de celebrer sa langue, comme ont faict Grecs et Rommains la leur. L'autre raison est, que non sans exemple de plusieurs ie m'addonne à ceste exercitation. Quant aux antiques tant Grecs que Latins, ilz n'ont prins aultre instrument de leur

eloquence que la langue maternelle. De la Grecque
seront pour tesmoings Demosthene, Aristote, Platon,
Isocrate, Thucydide, Herodote, Homere. Et des La-
tins ie produis Ciceron, Cæsar, Salluste, Virgile,
Ouide, lesquelz n'ont delaissé leur langue pour estre
renommez en vne autre. Et ont mesprisé toute autre
sinon qu'aucuns des Latins ont apris la Grecque afin
de scauoir les arts et disciplines traictées par les au-
theurs d'icelle. Quant aux modernes, semblable chose
que moy a faict Leonard Aretin, Sannazare, Pe-
trarque, Bembe (ceulx cy Italiens), et en France
Budée, Bouille, et maistre Iacques Syluius. Donc-
ques non sans l'exemple de plusieurs excellents per-
sonnages i'entreprends ce labeur. Lequel, Seigneur
plein de bon iugement, tu recepuras non comme
parfaict en la demonstration de nostre langue, mais
seullement comme vng commencement d'ycelle. Car
ie scay que quand on voulut reduire la langue Grec-
que et Latine en art, cela ne fut absolu par vn homme,
mais par plusieurs. Co qui se faira pareillement en la
langue Francoyse, et peu à peu par le moyen et tra-
uail des gens doctes elle pourra estre reduicte en telle
parfection que les langues dessusdictes. A ceste cause,

Seigneur tout humain, ie te requiers de prendre ce mien labeur en gré : et s'il ne reforme totallement nostre langue, pour le moins pense que c'est commencement qui pourra paruenir à fin telle, que les estrangiers ne nous appelleront plus Barbares. Te soubuienne aussy en cest endroict, qu'il est bien difficile qu'vne chose soit inuentée, et parfaicte tout à vn coup. Parquoy tu te doibs contenter de mon inuention, et en attendre ou par moy, ou par autres, la perfection auec le temps. Ioinct aussy qu'en choses grandes et difficiles le vouloir doibt estre assez. Ie laisse ce propos, et te veulx dire ce qui m'a esmeu de te dedier ce liure. Certes l'opinion et estime grande que i'ay de ton scauoir, eloquence et iugement en tout esmerueillable, m'a induict à en faire autant ou plus que l'humanité, et liberalité, de laquelle tu vses de iour en iour, de plus en plus en mon endroict : et ce sans aucun mien merite; car de te faire aucun seruice, meritant telle amour que me la portes et monstres par effect, cela est hors totallement de mon pouuoir. Toutesfoys pour suppliment du pouuoir la voulunté te doibt satisfaire : laquelle est telle que, sans exception d'aucun humain, ie te reuere comme

vn demi-dieu habitant en ces lieux terrestres, et estin-
cellant de tous costez par vne lumiere de vertus à toy
seul octroyées par l'Omnipotent : Omnipotent enuers
toy prodigue de ses graces, si iamais il en eslargist à
aucune sienne creature. Et qui est celuy qui puisse, à
mon dict, contredire s'il a congnoissance de tes faicts ?
Nul ne doubte de la bonté de ta nature. Chascun se
sent de ta munificence. Toutes nations estranges ne
preferent aucun à toy touchant l'art militaire et con-
duite de guerre. Quant à la politique et gouuernement
equitable d'vn païs, le Piedmont en donnera tesmoi-
gnage : en laquelle prouince tu es à present gouuer-
neur soubz l'autorité du Roy, qui t'a esleu à ceste
charge, comme personne idoine à touts faictz de
grand conseil et prudence. Croy (seigneur le premier
des humains) que ie suis l'homme le moins admirant
les hommes sans raison, et cause vehemente : mais tes
vertus et perfections infinies m'ont rauy iusques à la
que sur tous le t'adore : et ceste affection, la poste-
rité l'ignorera si mes oeuures meritent immortalité de
nom. Icy feray fin de mon epistre, te priant de re-
chef auoir ce mien liure pour aggreable. De Lyon ce
dernier iour de may mil cinq cents quarante.

ESTIENNE DOLET

Au Peuple Francoys,

Humble salut et accroissement d'honneur et puyssance.

—

Depvis six ans (ô peuple Françoys) desrob-
bant quelques heures de mon estude prin-
cipalle (qui est en la lecture de la langue
Latine et Grecque), te voulant aussy illustrer par tous
moyens, i'ay composé en nostre langage vn oeuure in-
titulé *l'Orateur Francoys*, duquel oeuure les traictez
sont telz :

La Grammaire,
L'Ortographe,
Les Accentz,
La Punctuation,

> La Pronunciation,
> L'Origine d'aucunes Dictions,
> La Maniere de bien traduire d'vne
>   langue en aultre,
> L'Art Oratoire,
> L'Art Poetique.

Mais pour ce que le dict OEuure est de grand im-
portance, et qu'il y eschet vn grand labeur, scauoir
et extresme iugement, i'en differeray la publication
(pour ne le precipiter) iusques à deux ou troys ans.
Ce pendant tu t'ayderas des instructions qui sont en ce
present liure. Lequel, si ie congnois t'estre aggreablé,
ie seray plus enclin à te bien polir, et parfaire lé de-
meurant de mon entreprinse. Combien que i'en at-
tends plus tost contentement de la posterité que du
siecle present; car le cours des choses humaines est
tel, que la vertu du viuant est tousiours enuiée et
deprimée par detracteurs, qui se pensent aduantager
en reputation, s'ils mesprisent les labeurs d'autruy.
Mais l'homme de scauoir et de bon iugement ne doibt
regarder à telz resueurs, et plus tost s'en mocquer du
tout. Ainsi faisant, ie poursuiuray mon effort, et

attendray legitime los de la posterité : non d'aucuns viuantz par trop pleins d'ingratitude et mauuais vouloir. Contente toy pour ceste heure (ô peuple Francoys) de ce petit oeuure : et prens pour pleige l'affection que ie porte à ma renommée, que dedans quelque temps ie te rendray parfaict l'oeuure dessusdict. Et si aulcuns se delectent en tel labeur, cela n'est que bon. Que pleust à Dieu, que pour vn il y en eust mille : car par telz efforts le plus parfaict sera congneu, et en demeurera la gloire au bien entendant la langüe Latine et Francoyse. Pour le moins, de mon costé, ie tascheray de faire mon debuoir en si noble et louable passe temps. Vray est que si i'estois enuieux du bien d'autruy, ie me deporterois de ce mien labeur : pour ce que i'ay congneu telle ingratitude entre les hommes de mon temps, que ceux qui ont le plus prouffité sur mes oeuures sont les premiers qui taschent de deprimer mon renom : mais pour leur meschante nature, ie ne laisseray de produyre par oeuures le don de grace que le Createur m'a faict tant en la congnoissance de la langue Latine que de ma maternelle Francoyse. Et ce tout à l'honneur et gloire de luy (luy seul autheur de tout bien) et à l'vtilité

de la chose publique, laquelle ie prefere aux mal-
dicts de tous mes ennieux et detracteurs, qui à la fin
se trouueront trompez en moy, car leur meschant
langage ne me sert que d'vn esguillon à la vertu :
tout au rebours de ce qu'ilz vouldroient de moy pro-
ceder. Mais ie scay, comme il fault tromper telles
bestes chaussées, et en telle prudence consumeray le
demeurant de ma vie, taschant tousiours de perpe-
tuer mon nom par oeuures recommandables à la pos-
terité et aage futur : lequel se trouuant vuyde d'enuie
en mon endroict, et muni de bon vouloir, ne se
monstrera ingrat; mais, par une equité et raison,
louera ce qui est de louer. Ceste esperance m'a tous-
iours esmeu à escrire, et donné cueur de prendre les
labeurs que i'ay iusques icy prins en la vacation lit-
teraire. Car, au iugement des viuants, il y a bien peu
d'equité et racueil pour les doctes. Adieu, peuple le
plus triumphant du monde, soit en vertu, soit en
puissance. A Lyon, ce dernier iour de may, l'an de
grace mil cinq cents quarante.

LA MANIERE

DE BIEN TRADUIRE

LA maniere de bien traduire d'vne langue en autre, requiert principallement cinq choses. En premier lieu, il fault que le traducteur entende parfaictement le sens et matiere de l'autheur qu'il traduict; car par ceste intelligence il ne sera iamais obscur en sa traduction : et si l'autheur lequel il traduict est aucunement scabreux, il le pourra rendre facile et du tout intelligible. Et de ce ie te vois bailler exemple familierement. Dedans le premier liure des questions Tusculanes de Ciceron, il y a vn tel passage latin : « Animum autem animam » etiam fere nostri declarant nominari : nam et agere

» animam, et efflare dicimus : et animosos, et bene
» animatos : et ex animi sententia. Ipse autem animus
» ab anima dictus est. »

Traduisant cest oeuure de Ciceron, i'ay parlé comme il s'ensuyt. « Quant à la difference (dy ic) de ces dictions *animus* et *anima*, il ne s'y fault point arrester : car les façons de parler Latines, qui sont deduictes de ces deux mots, nous donnent à entendre qu'ilz signifient presque vne mesme chose. Et est certain que *animus* est dict de *anima*, et que *anima* est l'organe de *animus*, comme si tu voulois dire la vertu, et instrumens vitaulx estre origine de l'esperit : et icelluy esperit estre vn effect de ladicte vertu vitale. Dy moy, toy qui entends Latin, estoit il possible de bien traduire ce passage sans vne grande intelligence de Ciceron? Or saiche donques qu'il est besoing et necessaire à tout traducteur d'entendre parfaictement le sens de l'autheur, qu'il tourne d'vne langue en autre. Et sans cela, il ne peut traduire seurement et fidelement.

La seconde chose qui est requise en traduction, c'est que le traducteur ait parfaicte congnoissance de la langue de l'autheur qu'il traduict: et soit pareille-

ment excellent en la langue en laquelle il se meet à
traduire. Par ainsi il ne violera, et n'amoindrira la
maiesté de l'vne et l'autre langue. Cuydes tu que si
vn homme n'est parfaict en la langue Latine et Fran-
coyse, qu'il puisse bien traduire en Francoys quelque
oraison de Ciceron? Entends que chascune langue a
ses proprietés, translations en dictions, locutions,
subtilités et vehemences à elle particulieres. Les
quelles, si le traducteur ignore, il faict tort à l'autheur
qu'il traduict, et aussy à la langue en la quelle il le
tourne; car il ne represente et n'exprime la dignité et
richesse de ces deux langues, des quelles il prend le
maniement.

Le tiers poinct est qu'en traduisant il ne se fault
pas asseruir iusques à la que l'on rende mot pour
mot. Et si aucun le faict, cela luy procede de pau-
ureté et deffault d'esprit. Car, s'il a les qualitez
dessusdictes (les quelles il est besoing estre en vn bon
traducteur), sans auoir esgard à l'ordre des mots, il
s'arrestera aux sentences, et faira en sorte que l'in-
tention de l'autheur sera exprimée, gardant curieuse-
ment la proprieté de l'vne et l'aultre langue. Et par
ainsi, c'est superstition trop grande (diray ie besterie

ou ignorance?) de commencer sa traduction au commencement de la clausule. Mais si, l'ordre des mots peruerti, tu exprimes l'intention de celuy que tu traduis, aucun ne t'en peult reprendre. Ie ne veulx taire icy la follie d'aucuns traducteurs, lesquelz, au lieu de liberté, se submettent à seruitude. C'est asscauoir qu'ils sont si sotz, qu'ilz s'efforcent de rendre ligne pour ligne ou vers pour vers, par laquelle erreur ilz deprauent souuent le sens de l'autheur qu'ilz traduisent, et n'expriment la grace et perfection de l'vne et l'autre langue. Tu te garderas diligemment de ce vice, qui ne demonstre autre chose que l'ingnorance du traducteur.

La quatriesme reigle que ie veulx bailler en cest endroict, est plus à obseruer en langues non reduictes en art, qu'en autres. I'appelle langues non reduictes encores en art certain et repceu : comme est la Francoyse, l'Italienne, l'Hespaignole, celle d'Allemaigne, d'Angleterre, et autres vulgaires. S'il aduient doncques que tu traduises quelque liure Latin en icelles, mesmement en la Francoyse, il te fault garder d'vsurper mots trop approchans du Latin, et peu vsitez par le passé : mais contente toy du commun, sans innouer aucunes dictions follement, et par curiosité reprehensible. Ce que si aucuns font, ne les ensuy en cela : car leur arrogance ne vault rien, et n'est tollerable entre les gens scauans. Pour cela n'entends pas que ie die que le traducteur s'abstienne totallement de mots qui sont hors de l'vsaige commun : car on scait bien que la langue Grecque ou Latine est trop plus riche en dictions, que la Francoyse qui nous contrainct souuent d'vser de mots peu frequentés. Mais cela se doibt faire à l'extresme necessité. Ie scay bien en oultre qu'aulcuns pourroient dire que la plus part des dictions de la langue Francoyse est deriuée de la Latine, et que noz predecesseurs ont heu l'autorité de les mettre en vsaige, les modernes et posterieures en peuuent autant faire. Tout cela se peult debattre entre babillarts : mais le meilleur est de suyure le commun langage. En mon Orateur Francoys ie traicteray ce poinct plus amplement, et auec plus grand' demonstration.

Venons maintenant à la cinquiesme reigle que doibt obseruer vn bon traducteur. La quelle est de si grand' vertu, que sans elle toute composition est lourde et mal plaisante. Mais qu'est ce qu'elle contient? rien autre chose que l'obseruation des nombres oratoires :

c'est asscauoir vne liaison et assemblement des dic-
tions auec telle doulceur, que non seulement l'ame s'en
contente, mais aussi les oreilles en sont toutes rauies,
et ne se faschent iamais d'vne telle harmonie de lan-
gage : d'yceulx nombres oratoires ie parle plus copieu-
sement en mon orateur : par quoy n'en feray icy plus
long discours. Et de rechef aduertiray le traducteur
d'y prendre garde : car sans l'obseruation des nombres,
on ne peult estre esmerueillable en quelque composi-
tion que ce soit : et sans yceulx les sentences ne peu-
uent estre graues et auoir leur poids requis et legi-
time. Car penses tu que ce soit assés d'auoir la diction
propre et elegante sans vne bonne copulation des
mots? Ie t'aduise que c'est autant que d'vn monceau
de diuerses pierres precieuses mal ordonnées : les-
quelles ne peuuent auoir leur lustre, à cause d'vne
collocation impertinente. Ou c'est aultant que de di-
uers instruments musicaulx mal conduicts par les
ioueurs ingnorantz de l'art peu congnoissantz les tons
et mesures de la musique. En somme, c'est peu de la
splendeur des motz, si l'ordre et collocation d'yceulx
n'est telle qu'il appartient. En cela sur tous fut iadis
estimé Isocrate, orateur grec : et pareillement Demos-

tene. Entre les latins, Marc Tulle Ciceron a esté grand
obseruateur des nombres. Mais ne pense pas que cela
se doibue plus obseruer par les orateurs que par les
historiographes. Et qu'ainsi soit, tu ne trouueras
Cæsar et Salluste moins nombreux que Ciceron. Con-
clusion quant à ce propos, sans grande obseruation
des nombres vn autheur n'est rien : et auec yceulx il
ne peult faillir à auoir bruict en eloquence, si pareil-
lement il est propre en diction, et graue en sentences :
et en arguments subtil. Qui sont les poincts d'vn ora-
teur parfaict, et vrayment comblé de toute gloire d'e-
loquence.

FIN.

LA PVNCTVATION

LA LANGVE FRANCOYSE.

Ir toutes les langues generalement ont leurs differences en parler et escripture, toutesfoys non obstant cela elles n'ont qu'vne punctuation seulement : et ne trouueras qu'en ycelle les Grecs, Latins, Francoys, Italiens ou Hespaignolz soient differents. Doncques ie t'instruiray briefuement en cecy. Et pour t'y bien endoctriner il est besoing de deux choses. L'vne est que tu congnoisses les noms et figures des points : l'autre que tu entendes les lieux ou il les fault mettre.

Quand aux figures elles sont telles qu'il s'ensuit, ou en ceste sorte :

1.	,		4.	?
2.	:		5.	!
3.	.		6.	( )

1. Le premier poinct est appellé en latin *incisum :* et en Francoys (principalement en l'imprimerie) on l'appelle vn point à queue, ou virgule : et se souloit marquer ainsi / .

2. Le second est appellé en grec Comma : et les Latins luy ont baillé autre nom. Mais il fault entendre que toutes ces sortes de punctuer n'ont leur appellation et nom à cause de leur forme, et marque, ains pour leur effect et proprieté.

3. Le tiers est dict par les Grecs Colon. En latin on l'appelle *punctum :* et en l'imprimerie on l'appelle vn poinct, ou vn poinct rond. Toutesfoys quant à l'efficace il n'y a pas grand' difference entre Colon et Comma. Si non que l'vn (qui est Comma) tient le sens en partie suspens : et l'autre (qui est le Colon) conclud la sentence. Par ainsi on pourroit dire que le Colon peult comprendre plusieurs Comma, et non pas le Comma plusieurs Colon.

Si en cest endroict quelque maling detracteur veult

dire que i'entends mal ce que les Grecs appellent Comma
et Colon : ie luy responds que combien que les Grecs
ayent appellé Comma ce que i'appelle poinct à queue,
et que dudict Comma ie marque vng Colon : et que ie
constitue vng Colon pour fin de sentence, certaine-
ment ie n'erre en rien. Car les Latins interpretent
Comma par *incisum :* et si les Grecs le prennent pour
incision de locution, ie le veulx prendre pour inci-
sion de sentence, c'est asscauoir pour sentence moyenne
et suspendue : et le Colon pour sentence finale du pe-
riode. Ie dy cecy pour obuier aux maldisants et ca-
lumniateurs. Desquelz il est au temps present si grand
nombre, que si vng homme d'esprit s'arrestoit à eulx,
il ne composeroit iamais rien. Mais mon naturel est
tel que ie n'ay aultre passetemps que de telz folz.

4. Le quart est nommé par les Latins *interrogans,*
et par les Francoys Interrogant.

5. Le quint differe peu du quart en figure : tou-
tesfoys il se peult appeller Admiratif, et non Inter-
rogant.

6. Le sixiesme est appellé parenthese : et est dou-
ble, comme lon peult voir par ses deux petits demys
cercles.

Or puisque tu congnois leurs noms et figures, ie te veulx maintenant monstrer familierement quelz lieux ils doibuent auoir en nostre parler et escripture : et te prie y vouloir entendre : car la punctuation bien gardée et obseruée sert d'vne exposition en 'out oeuure.

Premierement il te fault entendre que tout argument et discours de propos, soit oratoire ou poetique, est deduict par periodes.

Periode est vne diction Grecque que les Latins appellent *clausula*, ou *comprehensio verborum :* c'est à dire vne Clausule, ou vne Comprehension de parolles. Ce Periode (ou autrement Clausule) est distingué, et diuisé par les poincts dessus dicts. Et communement ne doibt auoir que deux ou trois membres : car si par sa longueur il excede l'haleine de l'homme il est vitieux. Si tu en veulx auoir exemple, ie te voys forger vng propos ou il y aura troys periodes : dedans lesquelz tous les poincts que ie t'ay proposez seront contenus, et puis ie te declareray par le menu l'ordre et la cause d'vng chascun. Or mon propos sera tel.

L'Empereur congnoissant que paix valloit mieulx que guerre, a faict appoinctement auec le roi : et pour

plus confirmer ceste amytié, allant en Flandre il a
passé (chose non esperée) par le royaulme de France,
ou il a esté repceu en grand honneur, et extresme
ioye du peuple. Car qui ne se reiouyroit d'vng tel ac-
cord? Qui ne loueroit Dieu de veoir guerre assopie,
et paix regner entre les chrestiens? O que longtemps
auons desiré ce bien! ò que bien heureux soient qui
ont traicté cest accord! que mauldicts soient qui tas-
cheront de le rompre!

Au premier Periode (qui commence l'Empereur
congnoissant) ie te veux monstrer l'vsage du Poinct à
queue, du Comma, de la Parenthese et du Poinct
final, aultrement dict Poinct rond. Le Poinct à queue
ne sert d'aultre chose que de distinguer les dictions
et locutions l'vne de l'autre. Et ce ou en adiectifs,
substantifs, verbes ou aduerbes simples. Ou auec ad-
iectifs ioincts aux substantifs expressement. Ou auec
adiectifs gouuernans vng substantif. Ou auec verbes
regissans cas, ce que nous appellons locutions. Exem-
ple de l'adiectif simple. Il est bon, beau, aduenant,
ieune et riche. Ne vois-tu pas que ce Poinct distingue
ces dictions bon, beau, aduenant, ieune et riche?
Exemple du substantif simple. Il est plein de grand'

bonté, beaulté, adresse, ieunesse et richesse. Exemple du verbe simple. Il ne fault rien que manger, boire et dormir. Exemple de l'aduerbe. Il a faict cela prudemment, courageusement et heureusement. Exemple de l'adiectif ioinct au substantif. Il est de grand courage, de prudence singuliere et execution extresme. Exemple de l'adiectif gouuernaut vng substantif. Il a tousiours vescu bien seruant Dieu, secourant ses prochains et n'offensant personne. Exemple du verbe regissant cas. C'est chose louable de bien seruir Dieu, secourir ses prochains et n'offenser personne.

Voila des exemples pour te montrer clairement l'vsage de ce poinct à queue. Il a pareillement tel vsage en la langue Latine. Deuant que de venir aux aultres poincts, ie te veulx aduertir que le poinct à queue se met deuant ce mot ou, semblablement deuant ce mot Et. Exemple de ce mot Ou. Sot, *Ou* sage qu'il soit, il me plaict. Exemple de ce mot Et. Sans scauoir, *et* bonne vie l'homme n'est poinct à priser. Or, entends maintenant que ce mot Ou, aussi ce mot Et, sont aulcunes fois doublés : et lors au premier membre il n'y eschet aulcun poinct à queue. Exemple de Ou. Soit *Ou* par mer, *Ou* par terre, le roy est le plus puissant. Exemple de Et. Il a tousiours esté constant *et* en bonne fortune, *et* en mauuaise.

Ie viens maintenant à parler du Comma : lequel se
mect en sentence suspendue, et non du tout finie. Et
aulcunesfois il n'y en a qu'vn en vne sentence : aulcunesfois deux, ou trois. Exemple. Il est bon de n'offenser personne : car il n'est nul petit ennemy : et
chascun tasche de se venger, quand il est offensé.

Quant à la Parenthese, c'est vne interposition qui
a son sens parfaict : et pour son interuention ou detraction, elle ne rend la Clausule plus parfaicte ou
imparfaicte. Exemple. Allant en Flandre il a passé
(chose non esperée) par le royaulme de France. Oste
la Parenthese, le sens sera aussy parfaict que sy elle y
estoit. Ce qui est facile à congnoistre. Entends aussy
que la Parenthese peult auoir lieu partout le discours
du periode : sinon au commencement et à la fin.
D'aduantage il est à noter que deuant, ou apres la
parenthese il n'y eschet aulcun poinct à queue ou
final. Et dedens y en eschet aussi peu : si ce n'est vn
interrogant ou vn admiratif. Exemple du premier.
Si ie puys iamais auoir puissance, ie me vengeray
d'vn si vilain tour (en doibs ie faire moins?) et luy

donneray à entendre qu'il me souuient d'vne iniure dix ans apres qu'elle m'est faicte. Exemple du second. Estant le plus fort en toutes choses il fut vaincu (quel hazard de guerre!) et tost apres fut victeur seulement par prudence.

Sans aulcune vigueur de Parenthese on trouue quelquesfois vn demy cercle en ceste sorte) ou ainsi], et cela se faict quand nous exposons quelque mot, ou quant nous glosons quelque sentence d'aulcun autheur Grec, Latin, Francoys ou de toute autre langue.

On trouue aussi ces demys cercles aucunesfois doublés : et ce sans force de Parenthese. Ils se doublent doncq' ainsi [ ] ou 6 9. Et lors en iceulx est comprinse quelque addition, ou exposition notée sur la matiere, que traicte l'autheur par nous interpreté. Mais le tout (comme i'ay dict) se faict sans efficace de Parenthese. Lisant les bons autheurs, et bien imprimés, tu pourras congnoistre ma traditiue estre vraye.

Quant au Poinct final aultrement dict Poinct rond, il se mect tousiours à la fin de la sentence, et iamais n'est en aultre lieu. Et apres luy on commence voulontiers par vne grande lettre.

Au demeurant : il n'y a que deux poincts : c'est

'interrogant et admiratif : et l'vn et l'aultre est final
:n sens : et en peult auoir plusieurs en vne periode.
L'interrogant se faict par interrogation pleine addressée
à vn ou plusieurs tacitement. Exemple : Qui ne se res-
iouiroit d'vn tel accord? Qui ne loueroit Dieu de voir
guerre assopie et paix regner entre les chrestiens?

L'admiratif n'a si grand' vehemence : et eschet en
admiration procedante de ioye ou detestation de vice
et meschanceté faicte. Il conuient aussi en expression
de soubhait et desir. Brief : il peult estre partout où il
y a interiection. Exemple. O que longtemps auons de-
siré ce bien! O que bien heureux soient qui ont traicté
cet accord! Que mauldicts soient qui tascheront de le
rompre! A tant te suffira de ce que i'ay dict des figures
et collocation de la punctuation. Ie scay bien que plu-
sieurs Grammariens latins en ont baillé d'auantage :
mais tu ne te doibs amuser à leurs resueries. Et si tu
entends et obserues bien les reigles precedentes, tu
ne fauldras à doctement punctuer.

LES ACCENTS

LA LANGVE FRANCOYSE.

—

LES gens doctes ont de coustume de faire seruir les accents en deux sortes. L'vne est en prononciation et expression de voix, expression dicté Quantité de voyelle. L'aultre en imposition de marcque sur quelque diction. Du premier vsage nous ne parlerons icy aulcunement : car il n'en est poinct de besoing. Et d'aduantage il a moins de lieu en la lángue Francoyse qu'en toutes aultres : véu que ses mesures sont fondées sur syllabes et non sur voyelles : ce qui est tout au rebours en la langue Grecque et Latine.

Quant à l'imposition de marcque (qui est le second membre de l'accent), i'en diray en ce Traicté ce

qu'il en fault dire briefuement et priuement, sans
aulcune ostentation de scauoir et sans fricassée de
Grec et Latin. I'appelle fricassée vne mixtion superflue
de ces deux langues, qui se faict par sottelets glorieux
et non par gens resolus et pleins de bon iugement.
Venons à la matiere.

En la langue Francoyse sur toutes lettres, il y en a
deux qui recoipuent plus accent que les aultres. C'est
asscauoir *a* et *e*. De ces deux nous parlerons par
ordre.

La lettre dicte *a* se trouue en troys sortes commu-
nement en nostre langue francoyse. Aulcunes foys elle
est vn article du datif, car le datif Latin est exposé
en Francoys par ledict article. Exemple : Dedi Petro,
quod ad me scripseras : J'ay baillé à Pierre ce que
tu m'auois escript.

Aulcunes foys est proposition seruant à l'accusatif
cas, et vault autant comme *ad* en latin. Exemple :
Rex ad imperatorem scripsit, tutam ei viam in Flan-
driam per Galliam patere : Le Roy a escript à l'Em-
pereur que le passage luy estoit seur par France pour
aller en Flandre.

Aulcunes foys aussi ceste particule *a* signifie autant

en Francoys que *habet* en latin. Exemple : Habet
omnia quæ in oratore perfecto esse possunt : Il a
toutes choses qui peuuent estre en vn orateur parfaict.
Autre exemple : Occidit illum nefarie : Il l'a tué mes-
chamment. Telle est la langue Francoyse en aulcunes
locutions, ou pour vn mot Latin il y en a deux Fran-
coys, comme : Respondit, il a respondu : Cantauit,
il a chanté : Scripsit, il a escript : Fuit, il a esté. En
ces locutions, ce mot *a* est prins diuersement, car il
est de signification possessiue, actiue ou temporelle.
Exemple de la possessiue : Multas diuitias habet, il a
plusieurs richesses. Exemple de l'actiue : Cantauit, il
a chanté. Exemple de la temporelle : Fuit, il a esté.
Quant à la duplication des mots pour vn seul Latin ,
cela se faict seulement en la signification actiue et
temporelle de ceste diction *a*. Exemple : Cantarunt,
ilz ont chanté : Fuerunt, ilz ont esté. Et par cela tu
peux congnoistre que la langue Latine comprent plus
que la Francoyse : ce qu'il n'aduient pas en toutes
choses.

Note doncques que, quand *a* est article ou pre-
position, il le fault signer d'vn accent graue en ceste
sorte, *à*. Et ainsi signent les Latins leurs prepositions,

c'est asscauoir *à* et *è*. Mais quand *a* represente ce verbe Latin *habet*, il n'a point d'accent. Lors aulcuns l'escriuent auec vne aspiration *ha*, ce qui me semble superflu : toutesfoys ie remects cela à la fantasie d'vn chascun. Note aussi que, quand il est de signification actiue ou temporelle (comme i'ay demonstré), il ne recoipt point d'accent.

La lettre appellée *e* a double son et prolation en Francoys : la premiere est dicte masculine et l'aultre feminine. La masculine est nommée ainsi, pour ce que *é*, masculin, a le son plus viril, plus robuste et plus fort sonnant. Dauantage il porte sur soy vne virgule vn peu inclinée à main dextre, comme est l'accent appellé des Latins aigu, ainsi *é*. Exemple : Il est homme de grand' bonté, priuaulté et familiarité; plus, il dist tousiours verité. Autre exemple : Apres qu'il eut bien mangé, bancqueté et chanté, il voulut estre emporté de là, et puis fut couché en vng bon lict : mais le lendemain matin, apres estre desyuré, il se trouua bien estonné, et fut frotté et gallé de mesmes par vng tas do rustres qui ne l'aymoient gueres. Voilà deux exemples de la termination mas-culine.

Maintenant il te fault noter diligemment deux choses. C'est que ceste lettre *é* estant masculine, iamais ne vient en collision; c'est à dire qu'estant deuant vng mot commençant par voyelle, elle ne se perd point. Exemple : Il a esté homme de bien toute sa vie, et n'a merité vn tel outrage.

En apres, il fault entendre que ceste lettre *é* est aussi bien masculine au plurier nombre qu'au singulier, et ce tant en noms qu'en verbes. Exemple des noms : Les iniquités et meschancetés, desquelles il estoit remply, l'ont conduit à ce malheur. Autre exemple : Toutes voluptés contraires à vertu ne sont louables.

Ie te veulx auertir en cest endroict d'vne mienne opinion : Qui est que le *é*, masculin en noms de plurier nombre, ne doibt recepuoir vn *z*, mais vne *s*, et doibt estre marqué de son accent tout ainsi qu'au singulier nombre. Tu escriras donq' voluptés, dignités, iniquités, verités; et non pas voluptéz, dignitéz, iniquitéz, veritéz; ou sans *e* marqué auec son accent aigu, tu n'escripras voluptez, dignitez, iniquitez, veritez.

Car *z* est le signe de *é*, masculin au plurier nombre des verbes de seconde personne, et ce sans aucun accent marqué dessus. Exemple : Si vous aymez vertu, iamais vous ne vous addonnerez à vice, et vous esbattrez tousiours à quelque exercice honneste. Autre exemple : Si vous estiez telz que vous dictes, vous ne deschasseriez ainsi les vertueux. Sur ce propos, ie scay bien que plusieurs non bien congnoissants la virilité du son de le *é*, masculin, trouueront estrange que ie repudie le *z* en ces motz voluptés, dignités et autres semblables. Mais, s'ilz le trouuent estrange, il leur procedera d'ignorance et mauluaise coustume d'escripre, la quelle il conuient reformer peu à peu.

Oultre ce qui est dict, saiche que *e*, de pronunciation masculine, ne se mect seulement en fin de diction, mais aussi deuant la fin. Exemple : Iournée, renommée, meslée, assemblée, diffamée, affolée, et autres motz qui se forment du masculin et feminin : comme est de despité, despitée : de courroucé, courroucée : de suborné, subornée, et semblables dictions tant au singulier nombre qu'au plurier. Exemple du plurier : Coutrées, iournées, assemblées, menées.

L'autre pronunciation de ceste lettre *e* est feminine, c'est à dire de peu de son et sans vehemence.

Estant feminine elle ne recoipt aucun accent. Exemple : Elle est notable femme de bonne vie, de bonne rencontre, et autant prudente et sage que femme qui se trouue en ceste contrée.

Note aussi que, quand ceste lettre *e* est feminine, elle est de si peu de force que tousiours elle est mangée, s'il s'ensuict apres elle vng mot commencant par voyelle. De là ont leur origine les figures appellées Synalephe et Apostrophe : entre lesquelles figures il y a aulcune difference, comme nous demonstrerons maintenant.

La figure que nous appellons Synalephe ou collision, oste et menge la voyelle en proferant seulement et non en escripuant, car ladicte voyelle se doibt escripre. Exemple en prose : I'ay esperance en luy, et me fie en la grande amour et largesse extresme, de laquelle il vse enuers tous gens scauants. En cest exemple, la derniere lettre d'esperance, fie, grande, largesse, laquelle, vse, se perd en proferant, à cause des aultres mots ensuiuants qui commencent pareillement par voyelle. Mais non obstant la collision, il fault escrire tout au long tant en prose qu'en vers.

Exemple en rhythme.

Tu es tant belle et de grace tant bonne,
Qu'à te seruir tout gentil cueur s'addonne.

Necessairement en ce mot *belle*, le dernier *e* est mangé, ou autrement le vers seroit trop long. Et les Faictistes, qui composent rhythmes en langage vulgaire, appellent cela couppe feminine, c'est à dire abolition de l'*e* feminin, qui rencontre vne aultre voyelle, par laquelle il est aboli apres la quatriesme syllabe du vers. De cecy ie parleray plus amplement en l'art poétique.

Ce dict *e* feminin est aucunes foys autrement mangé par apostrophe. Or l'apostrophe oste du tout la voyelle finale de ce qui precede la voyelle du mot ensuyuant, et faict qu'elle ne s'escript, ne profere aucunement, et suffist que seulement on la marque en dessus par son petit poinct. Deuant que de t'en bailler exemple, ie t'aduertis qu'apostrophe eschet principalement sur ces monosyllabes, ce, se, si, le, me, que, ne, ie, re, le, la, de. Et combien que les Francoys n'ayent do coustume de signer ledict apostrophe, si en vsent ilz

naturellement : principalement aux monosyllabes des-
susdicts, quand le mot ensuyuant se commence sem-
blablement par voyelle.

Et si d'aduanture il se commence par *h*, cela n'em-
pesche point quelquefois l'apostrophe; car nous disons
et escripuons sans vice, l'honneur, l'homme, l'humi-
lité; et non le honneur, le homme, la humilité. Au
contraire, nous disons sans apostrophe le haren, la
harendiere, la haulteur, le houzeau, la housse, la
hacquebute, le hacquebutier, la haquenée, le hazard,
le hallecret, la hallebarde. Et si ces mots se proferent
sans grande aspiration, la faulte est anorme. De la
quelle faulte sont pleins les Auuergnats, les Prou-
uencaulx, les Gascons, et toutes les prouinces de
la Langue d'Oc : car pour le haren, ilz disent l'aren :
pour la harendiere, l'arendiere : pour la haulteur,
l'aulteur : pour le houzeau, l'ouzeau : pour la housse,
l'ousse : pour la honte, l'onte : pour la hacquebute,
l'acquebute : pour la hacquenée, l'acquenée : pour le
hazard, l'azard : pour le hallecret, l'allecret : pour la
hallebarde, l'allebarde. Et non seulement (qui pis est)
font ceste faulte au singulier nombre de telles dic-
tions, mais aussi au plurier. Car pour des harens,

ilz disent des arens : pour les hacquenées, les acque-
nées : pour mes houzeaux, mes ouzeaux : pour il me
fault, ou ie me vois houzer, il me fault ouser. Or,
ie laisse le vice de ces nations et reuiens à ma ma-
tiere.

Exemple de *ce* : C'est grand follie de prendre pied
à ces paroles. Sans apostrophe, il fauldroit dire : Ce
est grand follie. Entends toutesfoys que souuent ce
mot *c'est* n'a point d'apostrophe, comme quand nous
parlons ainsi : Cest oeuure est digne de louenge : Cest
homme n'est pas en son bon sens : Cest Allemand est
trop glorieux.

Exemple de *se* : S'aduenturant de passer la riuiere
à pied, il s'est noyé : pour se aduenturant, et pour il
se est noyé. Note icy que non seulement cette diction
se recoipt apostrophe, mais aussi ces mots la recoip-
uent, c'est asscauoir, son, mon, ton. Et par cela nous
disons : M'amye pour mon amye, et m'amour pour
mon amour, et t'amour pour ton amour, et s'amour
pour son amour. Et vsons de tel parler tant en prose
qu'en rhythme, mais plus souuent en rhythme. Et
aussi m'amye et m'amour sont dictions plus vsitées
que les deux autres.

Exemple de *si* : S'il estoit possible, ie vouldrois bien faire cela. Pour si il estoit possible : Toutesfoys tu ne verras gueres qu'il recoipue apostrophe auec autre mot que ce mot *il*. Exemple de toutes autres voyelles. De la voyelle *a* : Si audace estoit prisée, chascun seroit audacieux. De la voyelle *e* : Si eloquence est en luy grande, ce n'est de merueille; car il a vn esperit merueilleux, et puis il estudie continuellement en Ciceron. De la voyelle *i* : Si ignorance vient à regner, tout est perdu. De la voyelle *o* : Si orgueil est en vn homme, ie ne le puis frequenter.

De la voyelle *u* : Si vn homme diligent peult paruenir à richesses, i'espere quelque iour estre riche. En tous ces exemples, ie confesse que l'apostrophe y peult escheoir : mais auec apostrophe le parler sera plus rude que sans apostrophe : ce que peult facilement iuger vn homme d'oreilles delicates, i'excepte tousiours les licences poetiques et les laisse en leur entier. Car vn poete pourra dire (à cause de sa rythme) s'audace, s'eloquence, s'ignorance, s'orgueil s'vn homme.

D'aduantage il te conuient scauoir que ceste particule *si* est aulcunes foys conditionnale ou demonstratiue; et lors elle peult recepuoir apostrophe, comme tu as veu aux exemples precedents. Aulcunes foys elle se mect pour tant ou tant fort; et lors elle ne repcoit aulcune apostrophe. Exemple : Il est si ambitieux, si enuieux, si iniurieux, si oultrageux, que personne ne le peult comporter. Autre exemple : Ce lieu est si vmbrageux que le fruict n'y peult meurir : c'est à dire, tant ambitieux, tant enuieux, tant iniurieux, tant oultrageux, tant vmbrageux. Alors garde toy de l'apostrophe, car il n'y auroit rien si aspre en prolation que dire s'ambitieux, s'enuieux, s'iniurieulx, s'oultrageux, s'vmbrageux.

Tel est l'vsage de ceste particule *ni*, car elle ne recoipt pas bonnement apostrophe, si elle se rencontre deuant vn mot commencant par voyelle. Exemple : Ie ne veis iamais ni Amboise, ni Enuers, ni Italie, ni Orleans, ni vmbrage en ce champ. En toutes ces locutions, l'apostrophe seroit indecente et lourde. Exemple de *te* : Ie serois marri de t'auoir offensé; il t'eust bien recompensé si tu eusses faict cela; il t'interrogue; il t'oultrage; il t'vse ta robbe : pour de te auoir; il te est; il te interrogue; il te oultrage; il te vse.

Exemple de *me* : Il m'assault; il m'entend bien ; il
m'irrite; il m'oultrage; il m'vse tous mes habille-
ments : pour il me assault, il me entend bien, il me
irrite, il me oultrage, il me vse.

Exemple de *que* : C'est bonne chose qu'argent en
necessité; Qu'est ce que richesse sans santé? Il fault
qu'il s'y trouue; O qu'orgueil est desplaisant à Dieu;
Il n'est scauoir qu'vsage ne surmonte : pour que ar-
gent, que il se y trouue, que orgueil, que vsage.

Exemple de *ne* : Ie n'ay que ce vice; Il n'est rien
si sot; Il n'ignore cela; Cela n'orne point le parler; Ie
n'vse iamais de parfums : pour ie ne ay; il ne est; il
ne ignore; cela ne orne; ie ne vse. Exemple de *ie* :
I'ay tousiours peur des calumniateurs; I'entends bien
que tu demandes; I'interpreteray ce liure de Ciceron;
Ie te donneray à entendre comme i'ouys cela de luy;
'vse souuent de telles figures : pour ie ay, ie entends
bien, ie interpreteray, ie ouys, ie vse. Exemple
de *re* : Il faut r'assembler ces pieces; Ie te r'enuoye
ton seruiteur; Il seroit bon de r'imprimer ses œuures;
Il fault r'ouurir ce coffre; Il seroit bon de r'vmbrager
ce ply : pour reassembler, reenuoye, reimprimer, re-
ouurir, reumbrager, et note que *re* signifie de rechef.

Exemple de *le :* L'auoir n'est rien en vn homme, s'il n'a vertu; L'entendement trop soubdain ne faict pas grand fruict; L'interpreteur de cecy ment; L'orgueil de luy me desplaist; L'vsage de tel art est faulx : pour le auoir, le entendement, le interpreteur, le orgueil, le vsage.

Exemple de *la :* L'amour est bonne quand elle est fondée en vertu; L'enfance de luy a esté terrible; L'interpretation de ce lieu est difficile; L'oultrecuidance est grande; L'vsance est telle : pour la amour, la enfance, la interpretation, la oultrecuidance, la vsance.

Exemple de ce mot *de :* C'est grand charge d'auoir tant d'enfants; Par faulte d'entendre le Grec, il a failli; Cela part d'inuention bien subtile ; Ceste responce est pleine d'orgueil et oultrage; Par faulte d'vser de bon regime, il est retombé en fieure : pour de auoir, de entendre, de inuention, de orgueil, de vser.

Ie ne parleray plus de l'Apostrophe, et viendray maintenant à declarer que signifie vn petit Poinct semblable à celuy de l'Apostrophe. Ce petit Poinct est signe d'vne figure nommée des Grecs et Latins *apocope,* et ainsi la nomment aussi les Francoys par faulte d'aultre terme à eulx propre. Ceste figure oste la voyelle ou syllabe de la fin d'vn mot pour la necessité du vers, ou affin que le mot soit plus rond et mieulx sonnant. Exemple : Pri', suppli', com', hom', quel', el', tel', recommand', encor', auec' : pour prie, supplie, comme, homme, quelle, elle, telle, recommande, encores, auecques. En prose, L'exemple peult estre grand' chose; Quelle qu'el' soit : pour grande chose; quelle qu'elle soit. Car ainsi la prolation est plus doulce et plus ronde.

Au demeurant, il fault entendre que les Francoys vsent, oultre ce que dessus, de deux sortes de characteres, lesquelz sont de telle figure :

^   ¨

Tous deux se signent sur voyelles, mais au reste ilz sont bien differentz. Le premier est signe de coniunction; le second de diuision. Le premier r'assemble, r'unit, et conioinct les parties diuisées, et ce en troys facons. La premiere, quand par vne figure fort vsitée nommée *syncope*, *concision* ou *couppure* (car ainsi se peult dire en Francoys), vn mot est syncope, c'est à dire diuisé et diminué au milieu, puis les deux parties sont reioinctes ensemble, la diuision et reunion d'icelles est signifiée par ledict charactere. Exemple : Laiˆrra, paiˆra, vraiˆment, hardiˆment, donˆ ra : pour laissera, paiera, vraiement, hardiement, donnera. Et ainsi font souuent les Latins, comme l'on veoit aux bonnes impressions, esquelles on treuue diuˆum, duˆum, virˆ um : pour diuorum, duorum, virorum. La seconde facon de ceste figure est quand deulx mots (desquelz l'vn est detronqué) sont rassemblés en vn. Exemple : Auˆous, pour auez vous : qu'auˆous, pour qu'auez vous : m'auˆous, pour m'auez vous : n'auˆous, pour n'auez vous : n'auons, pour nous ne auons. Tel est le commun vsage de la langue Francoyse. La tierce facon de ceste figure est quand deux voyelles sont r'accoursies et proferées en vne : ce qui se faict souuent en rhythme principalement.

Exemple : Pensées, ou les deux eˆe se passent pour vn proferé par traict de temps assés longuet, quasi comme si l'on disoit pensés. Et note que cecy est general en toutes dictions feminines, qui sont formées des dictions masculines, ausquelles la derniere voyelle est masculine : et ce seulement au plurier nombre. Et si tu signes ceste figure sur les deux *e*ˆ*e*, il n'y fault poinct d'accent aigu sur le penultime *e*. Exemple : Courroucé, courroucée, courrouceˆes : irrité, irritée, irriteˆes : suborné, subornée, suborneˆes. En telle sorte doibt on escripre en rhythme; mais en prose auec vn accent aigu sur le *e* penultime : ainsi courroucées, irritées, subornées. Par ceste figure aussi on dict aiseˆment, nommeˆment, aˆage ou eˆage, en faisant de deux syllabes vne par synerese et r'accoursissement.

Le second charactere dessus mentionné, qui est ·· , noté sur les voyelles, est celuy par lequel on faict au contraire de l'aultre duquel sortons de parler. Car il signifie diuision et separation, et que d'vne syllabe en sont faictes deux. Exemple : Païs, poëte : pour paˆis, poˆete.

Ce sont les perceptions que tu garderas, quant aux accents de la langue Francoyse. Lesquelz aussi obserueront tous diligents imprimeurs : car telles choses enrichissent fort l'impression, et demonstrent que ne faisons rien par ignorance.

Quant à l'accent enclitique, il n'est point recepuable en la langue Francoyse, combien qu'aulcuns soient d'autre opinion. Lesquelz disent qu'il eschet en ces dictions : Ie, tu, vous, nous, on, lon. La forme de cest accent est telle ' : par ainsi ilz vouldroient estre escript en la sorte qui ensuit. M'atendrai' ie à vous? feras' tu cela? quant aurons' nous paix? dict' on tel cas de moy? voirra' lon iamais ces meschantz punitz? De rechef, ie t'aduise que cela est superflu en la langue Francoyse et toutes autres; car telz pronoms demeurent en leur vigueur, encores qu'ilz soient postposés à leurs verbes. Et qui plus est, l'accent enclitique ne conuient qu'en dictions indeclinables, comme sont en Latin, Ne, ve, que, nam. Qu'ainsi soit, on n'escript point en Latin en ceste forme : « Feram' ego id iniuriæ? eris' tu semper tam nullius consilii? auersabimini' vos semper à vobis pauperes? » Tiens doncques pour seur que tel accent n'est propre aulcunement à nostre langue : qui sera fin de ce petit Oeuure.

www.ingramcontent.com/pod-product-compliance
Ingram Content Group UK Ltd.
Pitfield, Milton Keynes, MK11 3LW, UK
UKHW021641090726
13657UKWH00004B/1692